1

Mejore Sus Finanzas

Francisco Alcaina

Mejore Sus Finanzas

Published by Francisco Alcaina

Copyright 2016 Francisco Alcaina

Este libro se lo dedico a todas las personas que sufren este tipo de problema y han decidido dejarlo atrás definitivamente y mejorar su situación financiera y garantizar su jubilación.

No puedo dejar de agradecer a mi pareja su apoyo y la gran ayuda que me aportó para resolver el problema en casa.

La tranquilidad y confianza actual compensa el esfuerzo realizado.

Muy grato a mis hijos Irene y Gerard por su comprensión y cariño en estos años tan difíciles.

ÍNDICE DE CONTENIDO

MEJORE SUS
FINANZAS

Conocer su situación financiera real, es definitivamente una gran ventaja, y que la mayoría de las personas debería asegurarse en saber. Este conocimiento le dará la oportunidad de sacar provecho de las oportunidades futuras. Obtenga aquí toda la información que necesita.

CAPITULO 1

INTRODUCCIÓN

Desbloquear los Principales Obstáculos para Alcanzar su Libertad Financiera

Cuando el individuo conoce su situación financiera real, siempre hay áreas donde ese conocimiento le ayudará a conseguir mejores oportunidades y formas de inversión. Este conocimiento y su evaluación periódica también le puede ayudar a cambiar la rutina financiera actual en las crecientes oportunidades de inversión. Con el uso de la información sobre las finanzas, la persona también puede tomar decisiones que garanticen una buena situación financiera.

Esto también ayudará al individuo que trata de contener los malos hábitos de gastos. Cuando se realiza una evaluación periódica, la persona podrá identificar las áreas a las que debe prestar atención o contener. A veces la información conseguida de la evaluación puede resultar muy chocante para la persona, pero normalmente arroja luz sobre la situación y de forma muy detallada.

La mayoría de las personas suelen realizan el ejercicio de evaluación para entender su situación actual y cómo pueden hacer ajustes para realizar inversiones para el futuro. No considerar la seguridad financiera para el futuro acabará provocando muchos problemas, sobre todo cuando el individuo es incapaz de proveerla para sí mismo o los familiares dependientes.

La evaluación financiera también puede ayudar a las personas en la toma de otras grandes decisiones referentes al cambio del estilo de vida. Éstas pueden ser en forma de inversiones en propiedades, en empresas, en planes de jubilación o cualquier otra inversión económicamente beneficiosa. Con la mejor planificación que permite, la persona puede entonces explorar otras agradables actividades, tales como hacer vacaciones, aficiones que requieren importantes inversiones y cualquier otro compromiso que requiera un considerable gasto financiero.

CAPITULO 2

DEFINIR LOS OBJETIVOS PARA UNA PLANIFICACIÓN FINANCIERA EXITOSA

Idealmente, todos deberíamos realizar algún tipo de planificación financiera. Cuanto antes inicie ese ejercicio particular mejores serán las posibilidades de la persona de aprovechar las oportunidades que puedan surgir.

Por dónde Empezar

Lo siguiente son algunos de los elementos a tener en cuenta para definir los objetivos de una planificación financiera exitosa:

• Definir objetivos financieros mensurables es un ejercicio que la persona debería hacer tempranamente. Con este tipo de la planificación firme y regularmente realizado el objetivo puede ser alcanzado, ya que el individuo se mantiene concentrado en los objetivos. Esto también ayuda a la persona a diseñar un plan que involucra objetivos muy detallados, en sus compromisos de dinero básicos.

• También deben existir algunos objetivos financieros mensurables que permitan a la persona planificar el presupuesto consecuente. Comprender las implicaciones de los compromisos financieros es sin duda un factor importante al considerar las inversiones en su conjunto. Considerando que cada inversión afecta a las otras, cada detalle debe ser claramente perfilado en el proceso de establecimiento de la meta, durante la etapa de planificación.

• La valoración realizada periódicamente sobre el estado financiero y de las inversiones de la persona, debe ser una práctica habitual en el establecimiento de los objetivos. Ya que pueden ocurrir cambios después de la valoración previa, es prudente que la persona reconsidere las inversiones que no han funcionado como deseado, permitiendo a la persona hacer los ajustes necesarios donde crea adecuado.

• Planificar lo antes posible permitirá a la persona explorar diversos objetivos, lo que le ayudará finalmente a conseguir buenas inversiones, que le ayudarán en la madurez o quizás, en su jubilación. Cuando se exploran las opciones con mentalidad realista del ajuste de meta, se asegura que la persona será capaz de afrontar mucho mejor las posibles desviaciones de cualquier tipo.

CAPITULO 3

DECIDA SUS GASTOS PRUDENTEMENTE

En lo que se refiere a las finanzas, la mayoría de las personas parecen tener problemas en tomar las decisiones acerca de cómo debe gastar su dinero y cómo tomar buenas decisiones que afectan a su futuro financiero. Hay muchísima información disponible sobre cómo poner a trabajar esta información, para uno mismo conseguir unas finanzas en orden.

Los siguientes son algunos consejos sobre cómo decidir si los hábitos de gasto son prudentes y sabios:

• Quizás uno de los mejores consejos que se pueden dar es acostumbrarse a usar el dinero en efectivo tanto como sea posible, recurrir lo menos posible a las aparentemente convenientes tarjetas de crédito. Cualquier forma de transacción que no implica el uso de dinero en efectivo, tiende a llevar la persona a gastar sin realmente tener clara y controlada mentalmente la cantidad, por lo tanto, la persona no es a menudo consciente de sus hábitos de gasto, hasta que le llega el extracto de la tarjeta de crédito u otros estados financieros.

• No comprar artículos que implican enormes cantidades de dinero, a menos que la mayor parte del pago o la totalidad del pago se pueda hacer en efectivo es otra manera prudente de controlar las finanzas. Esto ayudará a la persona a concentrarse mejor en el ahorro para el artículo y también evitará tener de pagar intereses muy altos cuando los pagos sean hechos basados en un préstamo.

• Aprender a negociar para conseguir las mejores ofertas a la hora de hacer compras también es una buena manera de gastar con prudencia y, sin embargo, conseguir la mejor oferta.

Además, ayudará a la persona a adquirir habilidades que pueden ayudarlo en otras áreas de la vida. También ayuda al individuo a aprender a desarrollar el hábito de mantenerse fuerte y retrasar la compra si el precio no se encaja con el presupuesto decidido.

• Diseñar un presupuesto adecuado y ceñirse estrictamente al presupuesto ayudará a la persona a conseguir hábitos prudentes de gasto. Esto es debido a que todo ha sido planeado cuidadosamente y está claramente resuelto, dando a la persona una idea clara de cada gasto que hace.

CAPITULO 4

NEGOCIAR MONTONES DE DEUDAS Y PRESTAMOS

Cuando luchamos con una montaña de deudas que no parece disminuir no importa cuánto esfuerzo se ponga en detener el hábito de gastar, siendo generalmente una cuestión muy complicada y estresante. Sin embargo, no todo está perdido, ya que existen algunos ejercicios que pueden ser utilizados para suavizar la deuda y la situación del crédito.

Examinarlo Bien

Las siguientes son algunas áreas a tener en cuenta en la gestión de las deudas y líneas de crédito:

• Uno de los primeros pasos a seguir es hacer frente a la situación financiera y tomarse un tiempo para comprender en detalle la situación. De esta manera, el individuo es capaz de tomar decisiones importantes y es definitivamente más consciente de cómo administrar mejor la deuda, teniendo en cuenta algunas maneras viables de disminuirla.

• Poner en un papel todas las entradas y salidas financieras ayudará a la persona a hacer algunos ajustes y una decisión fundamentada de cuales deudas deben ser atajadas y cuales priorizadas. Esto debe decidirse basándose en los intereses cobrados por las deudas, contribuyendo de alguna manera a no acumular más deudas.

• Otra opción a tener en cuenta es ponerse en contacto con los acreedores, para intentar rediseñar la situación de la deuda, para que sea más manejable. La mayoría de los deudores están dispuestos a ayudar, ya que eso puede significar que también ellos se beneficien del pago de la deuda en su totalidad. Simplemente continuar con las actuales condiciones de pago no ayuda y puede causar aún más problemas cuando la suma inicial no baja y los pagos efectuados son tan sólo de intereses.

• Aunque puede provocar algún costo, se debe estudiar buscar la ayuda de un planificador financiero profesional, como opción para encontrar formas de gestionar todas las deudas. Estos profesionales pueden ofrecerle una mejor perspectiva sobre cómo manejar las cosas, para lo que más interese a la persona.

CAPITULO 5

TODO SOBRE LOS IMPUESTOS

La mayoría de las personas asumen erróneamente que los impuestos deben ser simplemente pagados, sin demora y según lo estipulado en los formularios o en las facturas recibidas. Pocos se toman un tiempo para entender el sistema de cálculo de los impuestos, lo que no les da la oportunidad de hacer reclamaciones, que le ayudaría a bajar los importes gravados al mínimo.

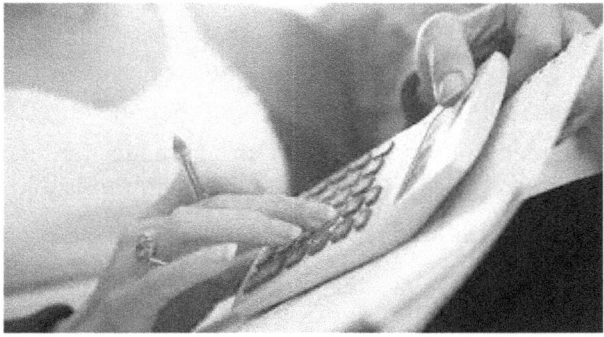

Reducir Impuestos

Realizando un esfuerzo para comprender los sistemas fiscales, cualquier persona podrá también encontrar posibilidades de solicitar y obtener exenciones fiscales. Estas exenciones son buenas porque ponen el dinero de vuelta en la mano de la persona y permiten más posibilidades de ahorro, donde el dinero puede ser utilizado para otros fines.

Las siguientes son algunas de las áreas que pueden ser exploradas específicamente para tratar de reducir los impuestos a través de las exenciones:

• Se pueden hacer deducciones, reduciendo las cantidades de ingresos con que el individuo está gravado. Los cálculos se hacen sobre los ingresos brutos y estas deducciones surten efecto si el ingreso bruto está por debajo de una cantidad determinada. También existen deducciones que se pueden calcular cuando hay cónyuge e hijos dependientes. Estos gastos se pueden utilizar como elemento para facilitar los ajustes en los ingresos totales, proporcionando así una buena plataforma para capitalizar las deducciones.

• También hay posibilidades, en determinadas circunstancias, donde las facturas médicas se pueden utilizar como exención fiscal. Esto es especialmente si la parte dependiente incurre en gastos a largo plazo y no hay ninguna ayuda del Estado. Las solicitudes pueden ser presentadas si estos compromisos financieros enumerados se consideran con derecho a exenciones fiscales.

• Gastos personales también pueden ser usados para solicitar deducciones fiscales, especialmente si algunos de estos gastos son en forma de ayudas a quién lo necesita y caridad.

CAPITULO 6

BUSCAR UN BUEN PLAN DE SEGUROS

A la hora de elegir la cobertura de seguros adecuada, el individuo suele estar influido por la promoción de ventas proporcionada por el agente que se lo trata de vender. Hay mucha confianza involucrada, ya que la persona depende en gran medida de los consejos del agente de ventas del plan. La mayoría de las personas realmente no se leen todos los detalles de la póliza de seguros, antes de hacer ningún pago financiero para el plan de seguro. Esto por supuesto puede parecer algo tonto, pero es, a menudo, el escenario más común a la hora de contratar un plan de seguros.

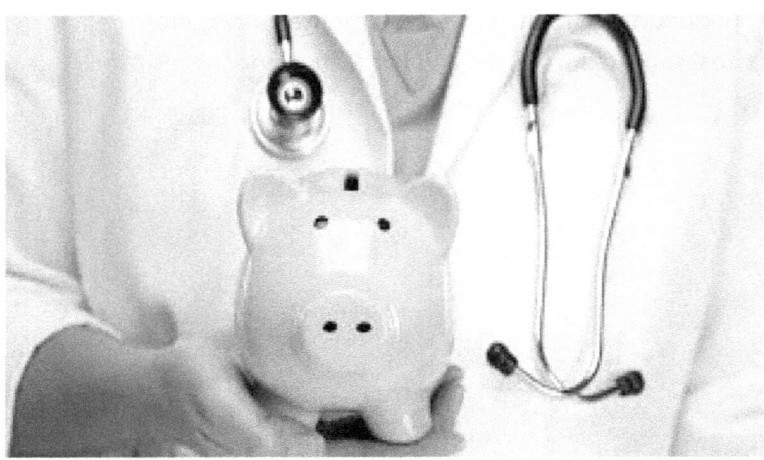

¿Qué Plan elegir?

Los siguientes son algunos tipos de planes de seguro que se suponen más útiles para la persona y que son adecuados para inversiones a largo plazo:

• Planes de Indemnización – generalmente son en forma de un producto deducible preestablecido y ofrece el más alto grado de flexibilidad con respecto a lo pagado y recibido

• Plan Organización de Proveedores Preferidos – este plan de seguros provee al individuo una importante cobertura de salud, sobre todo si se utiliza un conjunto designado de instalaciones y equipos de médicos. Si el individuo decide utilizar su propia elección de médico, la prima subirá en consecuencia y generalmente será bastante mayor.

• Planes de Organizaciones de Salud y Mantenimiento – en este caso existe la opción de elegir al médico de atención primaria de una lista predeterminada de los prestadores de servicios. Pueden revisarse los servicios prestados por una instalación de este tipo en cualquier momento. Este tipo de cobertura generalmente es bastante general y realmente no puede cubrir requisitos muy severos o especializados.

•   También hay planes dè seguro de vida y planes educativos que por razones obvias se pueden considerar.

CAPITULO 7

BUSCAR CONSEJO DE EXPERTOS FINANCIEROS PROFESIONALES

La mayoría de las personas trabaja duro para poder disfrutar de las cosas buenas de la vida, o al menos poder vivir una existencia bastante cómoda. Hay un montón de compromisos financieros que requieren la atención de la persona y estos compromisos crecen cada vez más rápido que los ingresos y con mayores demandas de gastos.

Ayuda Profesional

Obtener la ayuda de un planificador financiero es a veces, no sólo lo mejor que se puede hacer, sino que quizá es necesario para garantizar que la persona no se arruina financieramente. Algunas de las decisiones tomadas, pueden hacer la situación de la persona ineficaz y agobiante financieramente a largo plazo. Las siguientes son algunas de las áreas en que un experto financiero podrá proporcionarle un asesoramiento adecuado, para que la persona tenga toda la información necesaria para facilitar la elección de un esquema de compromiso financiero:

• Un profesional de las finanzas podrá darle consejos sobre las inversiones previstas, ya que los conocimientos en dichas áreas necesitan ser profundos y detallados. La orientación adecuada le ayudará a una mejor decisión y más informada al elegir las inversiones más adecuadas. Estos profesionales son capaces de calcular los riesgos y mostrar cifras que permita equilibrar la inversión, así como mostrar una posible pérdida de la inversión, a la que un inversor experto no debe arriesgarse.

• Los expertos financieros también le pueden proporcionar orientación e información sobre planes de pensiones y otros productos financieros, permitiendo que la persona pueda disfrutar de la misma o similar calidad de vida durante la fase final de su vida. La ayuda en esta área permitirá a la persona tomar buenas decisiones basadas en la información obtenida.

CAPITULO 8

USAR UN SOFTWARE DE FINANZAS PERSONALES

Para aquellos que son expertos en internet, existen un montón de otras opciones disponibles donde la persona podrá conseguir un software que le permita la planificación financiera. Esto es ideal para aquellos que realmente no tienen tiempo para reunirse con un asesor financiero o no desean ser molestados con preguntas indeseadas.

Ayuda de un Software

Estos softwares de planificación financiera pueden llegar a varios diferentes posibles inversiones y asesoramiento dependiendo del aporte de información suministrada por el cliente, que en este caso es de la persona que busca la ayuda del software. Los planes de inversión ofrecidos generalmente están en línea con la información proporcionada por la persona y así se adaptan mejor ya que todos los planes posibles son explorados antes de ofrecer alguno que se ajuste a la capacidad financiera de la persona.

Las instrucciones detalladas de estos softwares financieros permiten que casi cualquier persona con conocimientos básicos de Microsoft Excel pueda utilizar el material proporcionado de la mejor manera posible, sin tener que gastar, como sucede utilizando un planificador financiero.

A través del software financiero se pueden realizar muchísimas comparaciones, simplemente tecleando escenarios diferentes y esto puede realizarse ilimitadamente. No hay posibilidad de agotar los límites del software al alimentarlo con mucha información financiera y a menudo, sin embargo, esto no es posible con un planificador financiero, ya que la persona pronto se irrita y cansa con los diferentes escenarios que el cliente quiere probar.

31

Los softwares más populares utilizados a menudo poseen un conjunto completo e integrado de planificación financiera en su software, que proporciona las siguientes características: software de opciones de jubilación, presupuesto y proyecciones de flujos de efectivo, proyecciones de patrimonio neto, múltiples planificaciones para estudios y proyecciones completas de asignación de activos. Estos programas están pre-conectados para su completa integración y a veces son capaces de proporcionar una ayuda más competitiva que el planificador financiero.

CAPITULO 9

AHORROS E INTERESES COMPUESTOS

Ser capaz de reunir lo máximo posible de ahorros es algo que a muchas personas les gustaría conseguir, pero esto no siempre es posible, ya que muchas personas no son conscientes de los beneficios de elegir un plan de ahorro adecuado y con estas "recompensas"

¿Qué Plan es Mejor para Usted?

Cuando se trate de un plan de ahorros que permite acumular el interés y así sea compuesto, vale la pena el esfuerzo y el tiempo tomado para explorar esa opción en profundidad. De forma muy básica, lo que realmente significa es que los intereses devengados desde el plan de ahorro permitirán a la persona disfrutar de una cantidad adicional de interés sobre el interés existente dado. Aunque puede sonar y parecer muy teórico, es posible encontrar este tipo de planes de ahorro con intereses compuestos, que satisface las necesidades financieras de casi cualquier inversor.

El concepto básico que se aplica a este tipo de plan sería idealmente destinar una suma fija, no importa cuán pequeña la suma pueda parecer, que se deposita en un plan de ahorro que con plataforma de intereses compuestos. Cuando este compromiso se cumple sin ninguna vacilación, los importes eventualmente acumulados pueden ser bastante sorprendentes y esto ayuda a motivar a la persona para continuar por más tiempo y de una forma más diligente. La idea principal de este tipo de ahorro es mantener el dinero en los planes de ahorro por tanto tiempo como sea posible y asegurar que los depósitos se realizas de manera constante y comprometida.

Las tasas de interés para estos planes son calculadas generalmente sobre con base diaria, lo que presenta una mejor opción general para la persona interesada en capitalizar las pequeñas cantidades que invierte.

CAPITULO 10

PASOS PARA UNA INVERSIÓN INTELIGENTE

Es posible hacer planes de inversión inteligentes sin demasiada molestia ni documentación detallada. La clave de los planes de inversión inteligentes reside principalmente en la capacidad de entender y tomar decisiones inteligentes. Tomarse un tiempo y hacer el esfuerzo de comprender por completo el plan de inversión antes de comprometerse, es la mejor manera realizar una inversión inteligente.

Algunos Consejos Finales

Los siguientes son algunos puntos a considerar para asegurarse de que las inversiones realizadas son beneficiosas para la persona, tanto actual como en un escenario de largo plazo:

• Asegurarse de realizar el esfuerzo para entender las características particulares y las ventajas que ofrece el plan escogido, es quizás lo más importante para comenzar. Sin este conocimiento el individuo basa su inversión en los rumores de otros y esto puede resultar en locura cuando los rendimientos no corresponden con la promesa recibida del plan.

• No caiga en la trampa de hacer un compromiso financiero, hasta que haya entendido completamente todos los aspectos del plan. Muchas personas se quedan tan abrumados con los argumentos de venta presentados, que no se toman un tiempo para realmente leer la letra pequeña del plan que les presentan.

• Siempre sospeche de los planes que publicitan beneficios "gratis", porque estos generalmente están relacionados con otros compromisos que generalmente no son explicados, y tal vez nunca los conozca hasta que los elementos "gratis" son reclamados por el inversor. En la mayoría de los casos es sólo entonces que el inversor descubre que lo de "gratis" no es realmente como lo percibió inicialmente.

- Recuerde que sólo debe tomar compromisos que pueda afrontar en este momento. Comprometerse por más de lo que puede no es que una buena idea, ya que puede causar que no pueda hacer los pagos de la inversión y perder algo de lo ya realizado.

Mantener un buen control sobre sus asuntos financieros puede ser una tarea muy difícil. Con el uso de los consejos anteriores debería convertirse en un paseo por el parque. Empiece a vivir una vida mucho más cómoda, deje de preocuparse por las finanzas. Disfrute de su vida y tenga unas finanzas sin problemas.